DE L'HEPTARCHIE,

DES PEINES QU'ELLE A MÉRITÉES,

ET DES MOYENS DE LES LUI INFLIGER.

LE GÉNÉRAL DUMOURIER ET LA RÉVOLUTION FRANÇAISE,

PAR M. LEDIEU.

Les débats des Chambres et ensuite la censure ayant empêché les journaux de rendre compte de cet ouvrage, que l'*Etoile* honora d'une virulente attaque, nous croyons devoir joindre à son annonce, l'article suivant du *Constitutionnel* du 10 fevrier dernier.

« Nous regrettons d'avoir tardé à annoncer l'ouvrage sur le général Dumourier et la Révolution française, qui a paru depuis quelques mois. D'un autre côté les suffrages qu'il a obtenus, l'estime qui s'est manifestée pour le courage et le talent de l'auteur, nous mettent à l'aise pour le jugement que nous allons en porter.

» Le moment de la justice est venu pour tous les hommes célèbres qui ont participé à ce grand changement social qu'on nomme la Révolution. En condamnant, avec une juste sévérité, les excès déplorables qui l'ont accompagnée, on ne peut s'empêcher de reconnaître les grands résultats qui en sont sortis, au profit de la civilisation. Dumourier tiendra toujours un rang distingué par son génie et les services qu'il a rendus. Si l'on peut lui reprocher quelques erreurs politiques, tous les reproches seront couverts par ces mots, il a sauvé sa patrie.

» L'ouvrage que nous annonçons nous fait bien connaître ce personnage maintenant historique. L'auteur, lié d'amitié avec le général Dumourier, fait de ce général homme d'état un portrait nouveau, qui réclame l'attention des juges désintéressés. Mais ce n'est pas seulement la justification d'un homme, c'est aussi celle d'une grande époque que M Ledieu présente avec conscience et indépendance, en ami de la liberté et de la France.

» Son livre est divisé en quatre parties. La seconde de ces parties, qui révèle une profonde connaissance de l'histoire nationale, nous montre la Révolution comme le résultat inévitable de quatorze siècles d'anarchie ou de despotisme. Cette partie de l'ouvrage est du plus haut intérêt.

» La troisième partie est le tableau animé de notre Révolution. Les hommes et les partis y sont mis en relief et peints à grands traits: c'est la manière des bons écrivains. Le style répond parfaitement à la pensée. Les couleurs en sont vives et bien nuancées. M. Ledieu est resté fidèle au bon goût: c'est un mérite qu'il faut remarquer dans ce temps-ci, où notre littérature est menacée de décadence, par la confusion des genres et le mépris des saines doctrines.

» La dernière partie de l'ouvrage de M. Ledieu nous montre le général Dumourier supportant noblement son exil, consacrant à la cause de la liberté et de l'indépendance des peuples une expérience chèrement acquise, une intelligence d'un ordre supérieur, et mourant sur une terre étrangère. Ceux qui n'ont pas lu l'ouvrage de M. Ledieu ne peuvent se flatter de connaître le libérateur de la France, dans les plaines de la Champagne, et le vainqueur de Jemmapes. On aimera surtout les détails sur ses habitudes, ses goûts et sa vie privée. A une époque où les études historiques sont en honneur, nous ne sommes point surpris du succès d'un tel ouvrage, il fait honneur à l'écrivain et il est digne du héros. »

L'HEPTARCHIE,

DES PEINES QU'ELLE A MÉRITÉES,

ET

DES MOYENS DE LES LUI INFLIGER.

PAR M. LEDIEU.

PARIS,

PONTHIEU ET Cie, LIBRAIRES, PALAIS ROYAL.

LEIPSIG,

PONTHIEU, MICHELSEN, ET Cie.

1827.

AVANT-PROPOS.

Ce n'est pas la vaniteuse prétention d'exercer un droit, ni la présomption de me faire remarquer, qui m'ont inspiré cet écrit. C'est le besoin impérieux de remplir un devoir : on le verra bien en me lisant.

Aucun intérêt, aucune passion ne m'attache ni aux individus, ni aux partis : je n'ai ni ambition, ni ressentimens personnels à satisfaire. Je parle sans désir de récompense et sans crainte de punition, non pas qu'il n'y ait quelque danger ; j'en prévois ; mais qu'importe une légère modification de l'existence ? Qu'importe l'étendue plus ou moins resserrée qu'on accorde à ses mouvemens ? Cette considération eût-elle empêché d'Assas de s'écrier : « A moi, Français ! ce sont les ennemis ! » L'ennemi pour nous c'est la tyrannie de sept hommes, c'est l'HEPTARCHIE.

J'aurais voulu, j'aurais pu faire un meilleur ouvrage; mais il fallait me hâter, car je voyais devant moi le bâillon redoutable, et je voulais précéder l'installation du grand-prevôt de la pensée et de son tribunal: Voilà mon excuse pour les défauts qu'on remarquera dans cet écrit, et ce qui réclame l'indulgence du public. Je ne désire que celle-là.

LEDIEU.

DE L'HEPTARCHIE,

DES PEINES QU'ELLE A MÉRITÉES,

ET DES MOYENS DE LES LUI INFLIGER.

Au moment où j'écris, la France a exercé la fraction de souveraineté que lui ont laissée des institutions nées au milieu de nos désastres, et qui n'ont que trop justifié les inquiétudes qui ont entouré leur berceau. Mutilées par toutes les mains qui, depuis treize ans, ont été chargées de les soutenir et de les développer, changées en instrumens d'oppression et de dommage, elles importuneraient encore le pouvoir, plutôt par leur nom que par leur résistance ; et pour leur porter le dernier coup, nos gouvernans leur ont demandé un instant d'action. Ils ont dit à la France, *Meus-toi*, dans l'espoir que son mouvement serait un suicide. Il est difficile de dire ce qui l'emporte de l'absurdité ou de la culpabilité de cette espérance.

Il est vrai que la longanimité nationale, l'indifférence, le mépris des citoyens pour une administration étrangère à notre époque, à nos idées, à nos mœurs, et le besoin d'ordre et de paix, ont pu faire croire au ministère que tout lui était possible; mais la mesure est comblée, on ne peut plus y ajouter; la patience est épuisée, l'indignation qui remplit toutes les âmes déborde de toutes parts et devient un torrent.

On sent, on dit et on écrit tous les jours que nous sommes rapidement entraînés vers une nouvelle révolution. C'est incontestable; mais ce qu'on n'écrit point, qu'on ne dit pas, qu'on semble même n'avoir pas aperçu, ce qui n'est pas moins incontestable, et qui motive une nouvelle révolution, c'est que déjà, depuis la restauration, une déplorable révolution s'est opérée. C'est que la monarchie constitutionnelle n'existe plus que de nom. C'est enfin qu'au lieu d'obéir à un Roi qui, suivant le pacte fondamental, n'ordonne que ce qui est reconnu juste et utile par les interprètes des intérêts nationaux, la France est contrainte à courber son noble front sous le joug de la plus méprisable et de la plus tyrannique heptarchie.

Un Roi, sans doute, est dans une position trop élevée pour tout apercevoir et tout faire par lui-même : aussi dans toutes les monarchies soit mixtes, soit absolues, il voit et agit par des ministres; mais l'autorité royale n'existe réellement que lorsque le prince peut, par des moyens indépendans de ces ministres, connaître les

vœux, les intérêts et les besoins de son peuple
et en ordonner la satisfaction. Si ces moyens
n'existent pas, le système monarchique est per-
verti. Les ministres ne sont plus les exécuteurs
des volontés du prince. Le prince, au contraire,
n'est plus que l'ordonnateur des volontés mi-
nistérielles.

Voilà ce dont nous sommes témoins ! Et c'est
à la faveur des institutions octroyées par la restauration, et greffées sur le despotisme impérial,
que la monarchie a été confisquée au profit de
l'heptarchie ! C'est en invoquant constamment
les droits ou les prétentions de la couronne,
qu'on est parvenu à dépouiller le monarque de
toutes les sécurités qu'il pouvait trouver dans
l'opinion nationale ! On lui a représenté comme
des entraves qu'il fallait se hâter de briser, des
résistances qui étaient ses sauve-gardes ; mais
n'est-il pas de la dernière évidence que, de
même que l'autorité royale et l'hérédité de cette
autorité sont les garanties les plus fortes de la
stabilité de l'ordre social, de même les libertés
nationales sont les garanties les plus certaines du
maintien de l'autorité royale, qu'elles resserrent
dans des limites ; autant pour la conserver dans
sa plénitude, que pour la préserver des excès ou
des usurpations de ses agens ?

Mais c'est pour cela même que les ministres,
et surtout les nôtres, ont horreur de toutes les
institutions qui font intervenir les peuples dans

la direction et la surveillance des affaires de l'é-
tat. Ils savent bien qu'on peut facilement tromper, obséder et maîtriser un homme et surtout
un prince, mais qu'on ne réussit pas long-temps
à tromper, à obséder, à maîtriser une nation
qui a des observateurs,et des interprètes. Aveu-
gler, corrompre, réduire au silence et enfin
anéantir ces observateurs et ces interprètes, c'est
le moyen le plus sûr d'être à la fois le despote du
monarque et du peuple : c'est celui qu'a médité,
essayé et réalisé l'heptarchie. Il ne s'agit plus
pour elle que de consolider le monstrueux édifice
de sa puissance. Elle avait froidement calculé le
temps que requérait,une telle entreprise : trom-
pée dans son premier calcul qui avait enfanté la
septennalité de ses agens, prévoyant que, malgré toute leur activité et tout leur dévouement,
la légalité apparente de leurs pouvoirs aurait
cessé avant le complément de l'œuvre, et que
dans trois ans, bien plus tôt même, la haine et le
mépris les repousseraient tous des urnes électo-
rales, en dépit de toutes les ruses et de toutes
les violences, elle a jugé l'époque actuelle plus
favorable pour escroquer, au profit de ses complices, de nouveaux pouvoirs septennaux qui
lui permissent de poursuivre à loisir l'exécution
de ses projets anti-monarchiques et anti-na-
tionaux.

Voilà notre position, et l'explication des mesures que viennent de prendre nos heptarques. Le

recrutement de la Chambre des pairs , qu'il fallait punir de deux actes de conscience et de prévoyance, et qui les délivre d'un obstacle qui les a fatigués pendant deux sessions , et une majorité obtenue à la Chambre des députés , par les moyens les plus illégaux et les plus coupables , c'est tout ce qu'ils veulent. Insensés , qui ne voient pas que, l'autorité morale détruite, il n'y a plus rien qui commande l'obéissance ; que des législateurs avilis ne font que des lois impuissantes , et que la violation de tous les droits est une exemption de tous les devoirs ! Leur courte vue s'arrête au succès qu'ils espèrent : je le crois bien possible, et en regardant au-delà je tremble , parce que je vois la catastrophe.

Mais ce n'est pas pour le peuple que je tremble. Les maladies des nations ne sont plus mortelles pour elles. Les hordes de la barbarie et celles de la conquête ont seules pu leur donner la mort, et dans l'état actuel de la civilisation européenne, la barbarie et la conquête sont désarmées pour toujours. Des peuples peuvent renaître , ils ne peuvent plus s'évanouir. Ce qui périt dans ces grandes inflammations sociales, ce sont les gouvernemens et les dynasties. Nous en avons assez d'exemples , et ces exemples sont assez connus. Il est vrai qu'on en connaît aussi tout le danger, et qu'on sait bien tout ce que souffre une nation dans ces crises cruelles ; mais , comme les individus , les nations se résignent à des amputations, dans l'espoir de recouvrer la santé.

Jamais ministère, jamais Chambre n'ont fait autant que le ministère actuel et la majorité de la Chambre qui vient d'être dissoute, pour amener la nation française à cette déplorable résignation. Cette tâche était d'autant plus difficile à remplir, qu'il fallait prendre le peuple dans un sentiment tout-à-fait opposé, le regret d'avoir une fois réclamé ou souffert cette cruelle opération : et cependant je ne dissimulerai point que nos heptarques n'aient fait des pas immenses vers ce but, et que la trop longue série de leurs attentats, commis toujours au nom du prince, n'ait souvent fait émettre des vœux, où l'amour de la patrie avait plus de part que l'amour de la légitimité et des Bourbons. J'en appelle pour attester ce fait à la conscience de tous mes lecteurs. Qu'ils disent si tout ce qu'ils ont entendu dans la société, et même dans les lieux publics, ne proclame pas l'effrayant succès obtenu par nos coupables hommes d'état !

Aussi pour tous les hommes sensés, pour tous les amis de leur pays, et surtout pour tous les amis de la royauté, ne s'agit-il plus simplement d'expulser ces heptarques, qui peut-être méditent une abdication dont la pairie doit être le prix ; la vindicte publique et l'honneur natio, nal réclament une éclatante expiation des outrages dont la France a été abreuvée ; et un exemple pour les ministres à venir. L'impunité accordée à ces grands coupables serait un encouragement pour tous ceux qui voudraient faire de la puissance légale un moyen d'usurpation sur les droits des peuples et des rois. Ces idées sont entrées aujourd'hui dans tous les esprits. La punition des heptarques est le vœu de tous les Français, et en deviendra la volonté, si la Chambre que l'on va former ne répond pas à ces vœux, et n'offre à l'attente de la France qu'une horrible complicité dans les crimes de ses tyrans. *Dii avertant!*

Il est impossible que la nouvelle Chambre des députés ne sente pas le besoin de prendre dans la France le rang que lui destinent la raison et la nature bien plus justes et bien plus fortes que nos institutions. La mise en accusation des hommes qui ont entraîné au déshonneur la représentation nationale est le premier devoir que les nouveaux élus auront à remplir. Si ce n'est pas leur début dans leurs fonctions, ils partageront la solidarité de leurs devanciers.

Quelques hommes prétendent que cette accusation est impossible, parce qu'aucune loi ne spécifie les délits dont les ministres sont responsables. Il est vrai qu'une loi spéciale n'a pas encore déterminé, non pas ce qui est coupable dans un ministre, mais quelles peines on peut lui infliger. C'est la sauve-garde dont se sont entourés, c'est la retraite que se sont ménagée ces hommes décidés à de grands attentats, et qui, chaque année, ont lancé contre la France quelques nouvelles lois pénales. Mais tous les délits dont on les accuse sont prévus et punis par nos Codes, lorsqu'un citoyen s'en rend coupable. Les mêmes délits commis par un ministre ont bien plus de gravité. La culpabilité est bien plus grande. Une loi nouvelle n'était nécessaire que pour proportionner l'expiation au crime et infliger des peines plus sévères. Cette loi n'existe pas, ces peines plus sévères ne peuvent être appliquées ; mais le maximum des peines ordinaires doit être prononcé comme le minimum de celles encourues par des hommes d'autant plus coupables dans le mal qu'ils ont fait, que leur rang était plus élevé, que leur pouvoir étouffait toute résistance, et que leur influence arrêtait toute plainte et rendait nul tout espoir de réparation. Voilà ce que veut la raison et la loi. L'idée de l'impunité est absurde : on ne peut s'y arrêter.

Ainsi nos lois pénales atteignent l'individu qui par paroles ou actions a attenté aux droits que le monarque tient de sa naissance ou des lois fondamentales, qui a médité et mis à exécution des complots contre la sûreté de l'état, quoique souvent cet individu, obscur, impuissant, n'ait pu faire courir aucun danger réel au prince ou au pays. N'y a-t-il pas une grande indulgence à ne punir que des mêmes peines des hommes qui au même délit ont joint le crime de trahison, en employant, pour ébranler l'état et détruire l'ordre établi, l'autorité et la force physique qui ne leur ont été confiées que pour le maintien des lois fondamentales et de l'ordre public. Ce crime, les heptarques l'ont commis : donc ils doivent être accusés, condamnés et punis.

Qu'importe souvent au prince qu'un citoyen, dont on peut croire la raison égarée, aille, sur une place publique, prêcher à un auditoire qui ne s'en émeut point le renversement du trône ou un changement de dynastie, ou qui, dans des conférences qu'il croit secrètes, communique à des complices créés et rassemblés par un perfide, des projets de soulèvement, de révolte, de révolution, que ni son rang, ni sa réputation, ni sa fortune ne le mettent à même de réaliser ? La loi cependant venge la majesté et les droits du prince attaqués. Et des hommes placés près du monarque, honorés de sa confiance, chargés d'affermir son trône en lui donnant pour appui l'amour de ses sujets, pourraient impunément saper les fondemens de la monarchie, en violant, au nom du Roi, tous les droits des citoyens, en lésant, au nom du Roi, tous leurs intérêts, en repoussant, au nom du Roi, toutes leurs plaintes ; en dissipant, au nom du Roi, toutes leurs espérances, en réalisant, au nom du Roi, toutes leurs inquiétudes ; en punissant, au nom

du Roi , leurs cris d'amour et leurs prières , en
les livrant, au nom du Roi , à des exécutions
militaires !... Voilà ce que nos heptarques ont
fait : ils doivent être accusés , condamnés et
punis.

Des fers et la dégradation attendent l'homme
privé qui, par corruption, menaces ou violences,
a arraché à un citoyen un vote contraire à sa
conscience , qui l'à privé de l'exercice de ses
droits ou lui en a fait usurper qui ne lui ap-
partenaient pas ; et vous qui devez être les défenseurs de tous les droits , vous avez dit à des
malheureux, mourez de faim, vous et vos familles , si vous n'encourez la haine et le mépris
de vos concitoyens en nous accordant un vote
que la conscience publique nous refuse, ou si
vous ne devenez des faussaires en signant d'une
qualité qui ne vous appartient pas ! Vous devez
être accusés, condamnés et punis.

Chaque jour on voit passer de ces maisons
protégées par vous , sur les bancs des assises,
et de ces bancs dans les bagnes, des dépositaires infidèles, des commis plus imprudens
encore que coupables, qui ont, poussés par un
perfide espoir, mis en jeu et perdu , sur vos
tables privilégiées, leur honneur et l'argent de
leurs maîtres, ou bien ceux qui l'ont dissipé
dans des orgies avec des courtisanes ; et ceux
qui , dépositaires de la fortune de l'état, la dis-
sipent en prodigalités , en dons gratuits à des

courtisans et à d'autres courtisanes, ou la perdent dans des jeux où ils engloutissent en même temps l'honneur et la fortune de mille familles, seraient à l'abri de toute pénalité? Non : vous devez être accusés, condamnés et punis! C'est à tort que vous invoqueriez le prétendu silence de la loi. Elle prononce contre chacun des actes dont vous vous êtes rendus coupables, et en vous admettant à une parfaite égalité elle fait pour vous bien plus que vous ne méritez, car du moment où vous, vous êtes placés au-dessus de la loi, vous êtes hors la loi.

C'est par d'autres moyens que l'heptarchie cherchera à éluder les condamnations qui l'attendent. Une des deux ordonnances qu'elle a promulguées, dans l'espoir d'arriver à une domination sans limites, celle qui flétrit la pairie en en faisant la récompense de la bassesse, de l'absurdité et des passions les plus viles, lui a paru sans doute exigée par le besoin de se créer une majorité pour l'adoption de ses sinistres desseins ; mais ce n'a pu être son seul but. Quelles que soient sa présomption et sa témérité, elle ne pourrait pas nier la possibilité d'un échec, d'une défaite, d'une accusation ; et dès-lors elle a dû chercher des garanties de salut dans le mélange de ses complices avec ses juges. Voilà sans doute l'espérance à laquelle s'attachent les heptarques; mais cette espérance est illusoire, et le simple bon sens suffit pour la dissiper.

La plupart des pairs nommés par l'ordonnance du 5 novembre n'ont obtenu ce témoignage de la faveur ministérielle que par le zèle qu'ils ont montré pour les ministres, par la part qu'ils ont prise à l'accomplissement de tous leurs projets. La complicité est patente : ils doivent donc être compris dans l'accusation, ou du moins la Chambre des pairs ne peut les admettre que lorsqu'elle aura prononcé sur le sort des grands coupables traduits devant elle. Ce délai est d'autant plus nécessaire que ce recrutement, déshonorant pour le premier corps de l'état, doit nécessairement être compris parmi les actes que doit réprimer et flétrir la justice nationale.

Il est donc certain que, lorsqu'à l'ouverture de la session, les pairs de l'heptarchie se présenteront à la Chambre, des voix généreuses s'élèveront contre l'admission de ces hommes qui ne sont arrivés aux premières dignités de l'état qu'en donnant pour gage des folies et des prévarications qu'ils sont prêts à commettre dans leurs nouvelles fonctions, les folies et les prévarications commises dans une autre Chambre. A cette juste réclamation se joindront celles des illustrations de la France ancienne et de la France moderne, qui, resserrant leur alliance pour le maintien de leur dignité, repousseront ces élémens sortis de la fange ministérielle. Car, on ne peut se le dissimuler, la Chambre des Pairs, en accueillant de tels collègues, accepterait, pour ainsi dire, la survivance de cette Chambre odieuse à toute la France, et telle qu'on n'en reverra jamais. Ce serait se placer sous son joug après avoir combattu et repoussé ses doctrines et ses actes. Ce serait arracher de la tombe son cadavre infect, pour le revêtir de la toute-puissance, et s'en rendre les esclaves.

Ainsi les prévisions de l'heptarchie seront déçues encore. S'il en était autrement, cette faiblesse de la Chambre haute la conduirait directement à une lutte fatale pour elle. Malgré tous les efforts d'une administration, qui a bu toute honte pour imposer ses agens aux choix des départemens, la majorité de la Chambre des députés professera les doctrines de la liberté. L'heptarchie la fera réfuter par les divagations et les votes de sa majorité levée en masse. La situation respective des deux corps législatifs sera l'inverse de ce qu'elle était dans la dernière session. Tout ce qui est national sera à la Chambre élective, et quelques voix suffiront pour faire retomber sur la Chambre héréditaire l'accusation de lèse-nation, quand naguère encore la France entière la saluait du titre de protectrice des intérêts de la patrie. Cette division, cette opposition entravera nécessairement la marche de l'administration, soit que le ministère persiste à se cramponer au pouvoir, soit qu'il l'abandonne. Dans le premier cas la Chambre élective sera sacrifiée à la Chambre héréditaire : la dissolution sera ordonnée ; mais croit-on que les nouveaux choix, dictés par l'indignation publique, produiront des législateurs plus traitables, plus souples et moins éclairés ? Non, sans doute. Dès-lors il faut que le ministère tombe sous un autre ministère, il faut qu'à son tour la Chambre des pairs soit sacrifiée à la Chambre des députés, soit par l'expulsion des collègues qu'elle n'aura pas eu le courage de repousser elle-même, soit par une nouvelle levée. Tels sont les résultats inévitables de l'admission des Soixante-seize. Dans les deux suppositions on croira également à la ruine de la pairie.

Je ne veux pas dissimuler un projet bien plus audacieux et bien plus fou encore, qui a été médité il y a quelque temps, et auquel le résultat des élections peut ramener un ministère décidé à sacrifier le trône lui-même à la conservation de son pouvoir : c'est d'obtenir de la Chambre des pairs, rendue aussi indépendante que les conseils généraux de département, un humble requête tendant à démontrer que, *vu la gravité des circonstances et le mauvais esprit national manifesté par les élections, il est urgent de suspendre l'exécution de la Charte, et d'ajourner indéfiniment la convocation de la Chambre des députés, les fidèles pairs de France promettant le concours de leurs efforts, de leurs lumières et de leur entier dévouement, pour faciliter la bonne administration du royaume.* Voilà ce à quoi la

Chambre héréditaire s'engagerait très-certaine-
ment par l'admission des pairs de l'heptarchie.
Avant de contracter un tel engagement, il est
peut-être bon d'examiner quelles peuvent être
les suites de son exécution.

Il y a bien des gens en France qui pensent
que la Charte est le fondement de tous les droits,
que toutes ses dispositions sont également sa-
crées, que tous les corps qu'elle constitue sont
également indestructibles, que le roi et la Chambre des pairs n'ont pas plus le droit d'anéantir
la Chambre des députés que le roi et la Chambre des députés n'ont le droit d'anéantir la
Chambre des pairs, ou que les deux Chambres
n'ont le droit de renverser le trône. Ces gens
pensent aussi que la Chambre des députés doit
consentir l'impôt, et que si elle ne consent pas,
on ne doit pas payer; que, la loi étant l'œuvre
réunie des deux Chambres et du Roi, ce à quoi
les députés n'ont pas donné leur assentiment
n'est pas une loi, et n'oblige pas à l'obéissance.
A l'exception de vingt ou trente mille incura-
bles, toute la France est de cet avis. Avec un
peuple ainsi disposé, je laisse aux auteurs du
plan le soin de résoudre le problème de la bonne
administration du royaume.

Il me semble en ce moment entendre la voix
cruelle d'un homme dont l'intelligence détraquée
se perd dans de sombres nuages, ce Marat blanc
qui a rajeuni et rendu plus horrible, par le sa-

crilége, le mot le plus horrible de la Convention ;
et en ce moment aussi les journaux qui m'arri-
vent m'annoncent que des charges et des dé-
charges de cavalerie et d'infanterie ont *renvoyé
devant leur juge naturel* des citoyens assez coupables pour se réjouir du présage certain de la
ruine de l'heptarchie, ou des individus entrant
à peine dans l'adolescence, qui ont osé célébrer
le bonheur que des choix indépendans promet-
tent à leur avenir. Voilà donc la solution du problème (1).

L'horreur qu'inspirent ces massacres ne per-
met pas, à la raison même la plus froide, d'en
discuter la nécessité et la légalité. Tout ce qui
porte un cœur d'homme se révolte à la pensée
d'une foule nombreuse et sans armes, resserrée
dans un espace étroit, cernée de toutes parts,
incapable de fuir et de se défendre, fusillée en
masse, et traquée ensuite en détail, comme autant de bêtes fauves, dans les rues et les carre-
fours de la capitale du monde civilisé. L'exécra-
tion universelle poursuit le nouveau Collot-d'Her-
bois, et les infâmes qui ont commandé et les
lâches qui ont obéi dans ces affreuses journées.
Et ces mots, *au nom du roi*, se sont mêlés au son

(1) Dans un collége départemental un candidat minis-
tériel que je puis nommer, a dit en parlant des événemens
de Paris : *Nous leur avons tiré une palette de sang pour éviter
une maladie.*

du tambour, au galop des chevaux, aux détona-
tions des armes, aux cris des blessés et des mou-
rans , comme si à tant d'assassinats on avait
voulu joindre l'assassinat moral du monarque !
C'est là la bonne administration du royaume !
Ainsi disent les cannibales.

Soit ! Mais combien de temps peuvent durer
de pareils moyens ? Combien de temps trouve-
ra-t-on des instrumens volontaires pour de tels
forfaits ? Les soldats ne se fatigueront-ils pas de
ces exécrables manœuvres, de ces combats sans
dangers , d'où ils ne rapportent que le nom de
fratricides , que leur conscience même leur
donne au retour , pour les en poursuivre à jamais ? Cette armée nouvelle n'aura-t-elle pas
honte enfin de n'avoir que de pareils exploits à
mettre à la suite de ces triomphes de vingt-deux
ans qui immortalisent sa devancière ? N'enten-
dra-t-elle pas enfin la voix puissante de la raison,
de la patrie et de l'humanité, qui, après avoir
décerné des couronnes aux vainqueurs des étrangers , crient anathème à ceux qui tournent leurs
armes contre leurs concitoyens désarmés ? Aujourd'hui même que l'ivresse est passée, peut-
être les soldats se sont déjà dit : « Le 20 octobre
nos marins couronnaient leurs pavillons dans la
baie de Navarin , et rendaient à la Grèce la
vie et la liberté ; et nous, le 20 novembre, dans
la rue Saint-Denis, nous immolions des Français désarmés, pour l'esclavage de notre pays ! »

Après cette réflexion , qu'on aille leur comman-
der un nouveau feu !

Supposons néanmoins, ce qu'on ne peut ad-,
mettre sans insulte pour l'armée française, qu'elle
soit tout entière disposée à ces abominables
exécutions et qu'elle y soit infatigable ; croit-on
qu'elle puisse résister long-temps à l'indignation
où échapper long-temps à la vengeance, dont le
sang versé doit inspirer la soif ? Redoutables en
corps, que sont des soldats isolés ? Des assassinats ne peuvent-ils pas venger d'autres assassinats ? Les parens des victimes immolées , leurs
amis , égarés par une trop juste douleur, n'ont-
ils pas déjà juré, commencé peut-être , au moment ou j'écris, des expiations aussi lâches et
aussi horribles , quoique plus excusables que le
crime ? Deux cent cinquante mille hommes voués
au poignard , ou trente millions d'individus à
fusiller , voilà la plus simple expression de la
bonne administration du royaume !

Les antécédens du plus grand nombre des
pairs récemment nommés , justifient les inquiétudes que j'exprime , et doivent produire la
même impression sur les collègues qu'on a voulu
leur donner. Leur non admission est donc un
devoir pour la Chambre héréditaire. Est-elle
en même temps un de ses droits ? Je ne balance
pas à répondre affirmativement. Suivant la loi
fondamentale, le Roi nomme les pairs , comme
il nomme à tous les emplois civils et militaires :

aucune loi spéciale ne détermine d'une manière
précise les qualités requises pour être admis à
l'honneur de son choix ; mais il est évident que
la Charte, qui n'a été exigée et donnée que pour
échapper au bon plaisir qui a fait et ferait encore tant de mal, n'a pas prétendu que le corps
le plus spécialement destiné à la défendre, pût
être augmenté indéfiniment, suivant le caprice
des chefs successifs de l'état, ou qu'il suffît pour
en faire partie d'avoir, n'importe comment, obtenu les bonnes grâces du prince. Il en est ainsi
des autres fonctions. Le droit de nommer aux
fonctions judiciaires ne s'étend pas jusqu'à faire
d'un colonel de dragons, un premier président
de cour royale ; de même la suprême autorité
militaire ne va pas jusqu'à autoriser la méta-
morphose d'un évêque en disponibilité, en ma-
réchal de France. L'omnipotence royale, sous
ce rapport, a donc des limites que le simple
bon sens indique, et qu'on ne peut dépasser.
Voilà pour l'article *le Roi nomme les pairs*, entendu dans le sens le plus littéral.

Mais ces mots dans le langage des pays consti-
tués ne signifient rien, si ce n'est : le Roi signe
la nomination des pairs faite par le ministère.
Ce n'est pas le Roi, ce sont les ministres qui
agissent, et il suffit de lire la liste des Soixante-
seize, pour reconnaître toute l'action du ministère. Un seul des noms compris dans cette
liste, peut paraître l'expression de l'affection

privée du prince, ou de sa reconnaissance pour d'anciens services rendus et l'acte de sa volonté; mais dans le système légal ce n'est pas encore au Roi qu'il faut l'attribuer plus que les autres nominations. On n'y peut voir qu'une combinaison ministérielle, qu'il faut adopter si elle est bonne, et repousser si elle est mauvaise; et on le peut sans manquer au souverain plus qu'en repoussant de mauvaises lois présentées en son nom. Si la Chambre des Pairs n'a pas le premier droit, le second est illusoire; car on peut l'empêcher de l'exercer, ou, quand elle l'a exercé, lui faire voter le lendemain le contraire de ce qu'elle a voté la veille. En un mot, si la Chambre des Pairs ne peut suspendre l'effet d'une ordonnance semblable à celle dont il s'agit, le droit illimité d'en nommer les membres n'est que le droit de la détruire. La question se résume donc ainsi : les ministres ont-ils le droit de détruire la Chambre des Pairs? Cette chambre répondra elle-même : elle choisira entre la vie et la mort.

Je sens vivement tout ce qu'il manque d'autorité à ces paroles d'un homme presque inconnu, qui n'a rien été; et qui probablement ne sera jamais rien. Il semble aujourd'hui que pour les prononcer avec quelque effet il faille en avoir acquis le droit par l'exercice antérieur du pouvoir et par les abus ou les fautes qu'on y a commises. Mais ce n'est point là non plus que je

cherche mes oracles. Dans les loisirs de la soli-
tude ; j'interroge les sages de tous les temps ; je
leur demande des leçons pour les arbitres des
destinées de mon pays, et ce sont ces sages qui
me répondent. Ce n'est point moi qui accuse et
qui prononce dans les éminentes questions qui
nous occupent aujourd'hui, c'est l'homme que
tous les peuples ont salué comme le génie de la
législation, c'est Montesquieu : écoutez !

« Le principe de la monarchie se corrompt
» lorsque les premières dignités sont les marques
» de la première servitude, lorsqu'on ôte aux
» grands le respect des peuples, et qu'on les rend
» de vils instrumens du pouvoir arbitraire.

» Il se corrompt encore plus lorsque l'honneur
» a été mis en contradiction avec les honneurs,
» et que l'on peut être à la fois couvert d'infamie
» et de dignités.

» Il se corrompt lorsque le prince change sa
» justice en sévérité ; lorsqu'il met, comme les
» empereurs romains, une tête de Méduse sur sa
» poitrine ; lorsqu'il prend cet air menaçant et
» terrible que Commode faisait donner à ses
» statues.

» Le principe de la monarchie se corrompt
» lorsque des âmes singulièrement lâches tirent
» vanité de la grandeur que pourrait avoir leur
» servitude, et qu'elles croient que ce qui fait
» que l'on doit tout au prince, fait qu'on ne doit
» rien à sa patrie.

» Mais s'il est vrai (ce que l'on a vu dans tous
» les temps) qu'à mesure que le pouvoir du mo-
» narque devient immense, sa sûreté diminue ;
» corrompre ce pouvoir jusqu'à le faire changer
» de nature, n'est-ce pas un crime de lèse-ma-
» jesté contre lui ? »

(*Esprit des Lois*, liv. VIII, ch. 7.)

Ne semble-t-il pas que cette page ait été écrite aujourd'hui même et pour les ministres actuels? N'y trouve-t-on pas la règle la plus positive du devoir que la Chambre des pairs a à remplir, et la condamnation la plus formelle de ces hommes dont le moindre des attentats est le crime de lèse-majesté? Qui donc aujourd'hui pourrait défendre encore ces hommes condamnés à l'unanimité par la voix du peuple et par Montesquieu? Qui aujourd'hui pourrait se contenter de la parodie de l'abdication de Sylla?

J'ai démontré que si des lois sur la respon-sabilité des ministres n'existent pas encore, on ne doit pas en conclure que, quelques délits qu'ils commettent, on ne peut leur appliquer aucune peine. J'ai démontré que les lois existantes pour la répression des délits commis par des particu-liers, sont applicables aux heptarques, à défaut de lois plus sévères. J'ai démontré la nécessité, pour la Chambre des pairs, d'appliquer ces peines et pour garantie de l'équité de son verdict, comme de la conservation de son honneur et de son indépendance, l'obligation qui lui est imposée et le droit qu'elle a de repousser de son sein les hommes qu'on ose lui présenter comme ses dominateurs. Il me reste à signaler maintenant les actes que cette Chambre est appelée à punir. C'est presque toute la vie politique de nos heptarques qu'il faudrait retracer ; car leur existence administrative a été, pour ainsi dire, un attentat permanent contre notre pays et contre ses institutions. Remplir toute cette tâche serait superflu aujourd'hui, et peut être au-dessus de mes forces : je me bornerai donc à la classification des faits généraux dont ils se sont rendus coupables, suivant la nature des rapports qu'ils ont nécessairement, en vertu de leurs fonctions.

Ces rapports sont avec le monarque, avec les deux Chambres, avec la nation en masse, avec les puissances étrangères et avec les individus.

Les Rois sont les administrateurs suprêmes des états. Ces fonctions sont, à une ou deux exceptions près, au-dessus des forces d'un seul homme. Il leur faut des serviteurs qui les éclairent sur les intérêts et les besoins du pays, qui leur indiquent les moyens de satisfaire ces intérêts et ces besoins, et qui se chargent, avec l'assentiment de leurs maîtres, de les mettre à exécution de manière que le bien-être général fasse chérir l'administration et celui qui en est le chef, et assure ainsi la stabilité de l'état social, de quelque manière qu'il soit établi.

Ne pas instruire le prince des intérêts et des besoins de son peuple, ne pas lui indiquer les moyens de les satisfaire, ne pas employer ces moyens quand le prince les a adoptés ou spécialement, ou généralement, c'est causer ou entretenir le malaise général, c'est faire haïr l'administration et celui au nom duquel elle agit, c'est ébranler l'ordre social jusque dans ses bases. Cependant, comme il peut n'y avoir qu'impéritie de la part des agens, leur remplacement suffit pour réparer le mal. Mais connaître les besoins et les intérêts du peuple, et malgré les intentions prononcées du prince pour leur satisfaction, les contrarier en tout, aggraver chaque jour le mal, par des mesures dictées par des intérêts privés, par de misérables passions, par la soif des richesses, ou l'ambition de la puissance, et attribuer toutes ces mesures à la volonté du prince, c'est d'abord se constituer en état d'hostilité contre lui, qui ne veut et ne peut vouloir que le bien, et c'est ensuite rejeter sur lui seul là juste haine qu'inspire au peuple le mal qu'on lui fait. Il y a là attentat contre l'autorité légitime du Roi et outrage à sa personne.

La présentation au nom du Roi de projets de lois contraires à la loi constitutionnelle dont le Roi a juré le maintien ; la violation constante de cette loi suprême, dont toutes les dispositions favorables aux libertés publiques ont tour à tour été effacées par des ordonnances et des actes législatifs illégaux : la septennalité, le sacrilége, la violation des droits garantis aux créanciers de l'état ; l'attentat du droit d'aînesse ; celui contre la presse, enfin toutes les mesures proposées ou imposées depuis sept ans dans le dessein trop évident de remplacer le système constitutionnel par le système du bon plaisir, et tendant par conséquent à renverser l'ordre établi, voilà le corps de délit de lèse-majesté et d'attentat contre la sûreté de l'état. Nos heptarques ont commis ces délits.

Dans le système établi par la Charte une Chambre des députés du peuple est chargée spécialement d'intervenir dans la législation pour la rendre l'expression des besoins, des intérêts et de la volonté du pays ; et dans les circonstances graves, qui exigent de grands sacrifices, pour concilier ces besoins et ces intérêts avec ceux du gouvernement. Toute intervention de la part du gouvernement, soit par la force, soit par des menaces, soit par des faveurs, dans la nomination de ces députés ; pour faire élire des hommes à sa dévotion, toute séduction de ces députés par largesses, honneurs ou emplois donnés à eux ou à leurs familles, pour en obtenir la sanction des lois qu'on leur présente, sont autant d'attentats contre la dignité de cette Chambre, qu'on finit ainsi par déconsidérer ; qui, dès qu'elle s'est laissé enchaîner par des faveurs, n'est plus qu'un être et un instrument de servitude, et ne mérite plus que la haine et le mépris du peuple. Et comme la haine et le mépris des législateurs, mène promptement à la haine et au mépris de la législation, et que de là à la désobéissance, à l'insurrection, il n'y a qu'un pas, il en faut conclure que ces actes que nos heptarques ont réitérés chaque année, et qui portent atteinte à la dignité de la représentation nationale, sont en même temps un nouvel attentat contre la sûreté de l'état.

Les mêmes actes envers la Chambre des pairs ont un caractère de criminalité bien plus frappant encore ; parce que les résultats sont d'autant plus désastreux que l'hérédité de la dignité de pair peut amener la perpétuité du mal, tandis que la dissolution de la Chambre des députés peut du moins offrir des chances de réparations et d'expiations. Le but de l'établissement de la pairie est de placer entre la nation et le monarque un corps dont l'éclat, les talens, les vertus et les services méritant l'estime générale, puissent arrêter l'abus que la nation ou le prince pourraient faire de leurs forces, affaiblir le choc de ces deux puissances, de manière que leurs luttes ne soient dangereuses ni pour l'un ni pour l'autre. Attaquer l'indépendance de la pairie, sapper les bases de sa considération, par des procédés insultans, par la vénalité, par l'introduction d'hommes déconsidérés, c'est détruire l'institution, c'est dépouiller le peuple et le monarque de l'arbitre, du modérateur qui garantissait leur union : c'est les exposer l'un et l'autre sans aucune défense aux coups terribles qu'ils se peuvent porter ; c'est abandonner la nation aux efforts du despotisme et de l'anarchie. Les faits ne manquent pas pour justifier l'accusation.

Les rapports des ministres avec la nation en masse, comme ceux avec le prince et les Chambres ; fournissent constamment matière à accusation de haute trahison et d'attentat contre la sûreté de l'état, soit par l'établissement de mauvaises lois, soit par la manière plus mauvaise encore dont ces lois sont appliquées, soit par la non-exécution des bonnes lois qui ont échappé à la coignée des nouveaux niveleurs, soit par l'impunité réclamée par le ministère pour tous ses agens et qu'il leur accorde en vertu d'un sénatus-consulte. Par ce moyen la France environnée et couverte d'un vaste réseau administratif, se trouve à la merci d'hommes irresponsables tant qu'ils n'abusent de leur autorité que contre les citoyens, et que la destitution atteint toutes les fois qu'ils osent balancer entre leur conscience, leurs devoirs envers leurs administrés et la volonté ministérielle. Et ici, je ne balance pas à le dire, le mécanisme de l'administration est en opposition directe avec notre code fondamental; et a contribué plus que toute autre chose à donner au ministère un pouvoir absolu sur la France et à le rendre maître du prince. Napoléon avait créé cette admirable machine pour lui seul. Il était le seul homme capable de la mettre en mouvement et de la faire agir dans son seul intérêt. La conserver sous un prince qui ne gouverne que par des ministres, c'est mettre le prince à la merci de ces ministres, qui dans trois mois, s'ils le veulent, peuvent faire proclamer sa déchéance, avec autant de facilité qu'ils ont pendant tant d'années foulé aux pieds tous les droits et toutes les libertés de la France.

Des administrations communales, cantonnales et départementales, rendues indépendantes par l'intervention du peuple dans la nomination des fonctionnaires, rendues moins onéreuses par la réduction de ces immenses salaires qui y sont attachés, par la suppression de beaucoup de ces salaires, sont réclamées depuis la restauration, qui les avait promises. Mais c'était le seul moyen d'arriver à mettre d'accord la théorie et la pratique des lois constitutionnelles, d'établir cette alliance si rare et si importante de l'empire et de la liberté; et l'heptarchie, qui voulait l'esclavage universel, devait rétracter les promesses royales, nous imposer les administrateurs de son choix, et les dépayser de manière que n'ayant aucune affection, aucun intérêt de localité, ils fussent

plus disposés à l'obéissance passive; elle a voulu
pour législateurs des muets, et pour administrateurs des pachas, et ce n'est pas sa faute si la
première tentative ne lui a pas réussi aussi bien
que la seconde.

Je laisse à d'autres le soin de traiter les questions financières, de demander compte de l'em-
ploi de ce milliard exigé annuellement de la
France, c'est-à-dire un tiers de plus qu'elle ne
payait sous la France impériale. Un homme,
dont j'ai admiré l'étendue et la variété des con-
naissances, la force et la vivacité de l'esprit, autant que le courage et le patriotisme, qui m'a
paru le caractère le plus parlementaire de notre
pays, et qui ne serait pas déplacé sur les pre-
miers bancs de la Chambre des communes de
l'Angleterre, M. Casimir Périer se chargera
sans doute de rechercher les dilapidations et
de poursuivre les dilapidateurs.

Parlerai-je des rapports de nos heptarques
avec la magistrature? Rappellerai-je cette ordonnance arrachée à un roi mourant pour le
rétablissement de la censure, et dont le con-
sidérant, insultant pour tous les tribunaux du
royaume, imputait à leur partiale indulgence
la nécessité de recourir à cette mesure odieuse
à la nation? Retracerai-je la discussion de la loi
présentée l'année dernière, où l'on renouvela
les outrages aux magistrats? discussion qui ne
fut qu'une nouvelle édition de celles de la Con-

vention sur le même sujet ; dans laquelle je vis avec horreur des hommes prétendus monarchiques exprimer, presque dans les mêmes termes, les accusations contre la presse, que Duhem, Jean-Bon Saint-André, Billaud-Varennes, Saint-Just, Vadier et les deux Robespierre avaient intentées, lorsqu'ils voulaient faire tomber sur l'échafaud la tête du malheureux Louis XVI, que la presse à demi libre leur disputait héroïquement. J'ai tracé ce parallèle épouvantable, il trouvera sa place autre part ; mais, comme moi, des magistrats ont assisté à cette discussion, d'autres y ont pris part, et sans doute M. Agier saura poursuivre, pour l'honneur de son corps, les ministres qui ont voulu le flétrir.

Ce n'est que la rougeur sur le front qu'on peut examiner les rapports établis par le ministère entre la France et les gouvernemens étrangers. La Russie lui commande, et il précipite nos soldats en Espagne. Un prince y veut, après un succès inattendu, établir un gouvernement régulier ; mais cela ressemblait trop à la liberté, les cabinets absolus n'en veulent pas. Le ministère y laisse nos troupes, pour assister au spectacle des supplices infligés au mépris de leurs capitulations, d'un Roi absurdement despote, et d'une populace religieusement et férocement anarchique ; et ces ministres ont avoué que leurs bons offices étaient payés par des mépris ! La Prusse et l'Autriche nous bravent et nous insultent, l'Angleterre se moque de nous ; Alger pille nos bâtimens marchands, on chante victoire en envoyant une escadre, on parle de rappeler la leçon de Louis XIV, et bientôt après on fait amende honorable, on est prêt à capituler. Voilà le rôle que les heptarques font jouer à la France ! Et ils pensent orner leurs fronts des lauriers de Navarin, quand cette baie a vu engloutir les fruits de leurs travaux pendant six ans sous les coups des braves de trois peuples réunis ! . . . .

Ce n'est que contre les Français que les heptarques ont osé employer un langage hautain et des mesures de violence. Les sociétés consacrées aux sciences, aux lettres et aux arts ont ressenti leurs attouchemens impurs et se sont flétries. Là où la main de Richelieu avait laissé droit d'asile à la liberté, on a voulu aussi implanter l'esclavage, et lorsque la lassitude de la souplesse a arraché un cri même aux plus timorés, des peines les ont atteints. C'est contre nos écoles que leurs plus grands efforts sont dirigés, et la jeunesse française est obligée d'opter entre la férule des jésuites ou le sabre des gendarmes. Toutes les fonctions civiles, les emplois qui semblent devoir être les plus indépendans du gouvernement sont inaccessibles à ceux qui n'y apporteraient pas pour premier titre ou des actes ou des promesses anticiviques. Pour arriver à leur affreuse domination ils atteignent l'homme peu fortuné par ses besoins, et attaquent l'homme indépendant par ses affections. Echouent - ils dans ces moyens, ils ont recours à la calomnie, et soudoient les délirantes diffamations de quelques lâches à qui il reste juste ce qu'il faut de pudeur pour ne pas signer les turpitudes dont ils salissent une sale gazette. Ils font plus encore. Les vertus les plus sublimes, les plus éclatans services ne trouvent pas dans la mort un abri contre leurs fureurs, les vampires ont besoin de briser leurs tombeaux, de tourmenter leur cadavres et de les arroser du sang des vivans !

Français, voilà l'heptarchie ! Son règne de sept ans se prolongera-t-il ? Non, sans doute ! Réunissons-nous tous pour y mettre fin ! Vieux et héroïques défenseurs de la patrie, vous dont le roi connaît et honore la bravoure ; magistrats dont la noble indépendance est en ce moment notre unique bouclier, députés dont aujourd'hui peut-être on médite la dispersion, pairs de France dont la haute sagesse prévoit l'avenir qu'on nous prépare et que vous partageriez, grands de l'état qui péririez avec lui, et peut-être avant lui et sans lui ; il est temps ! unissez toutes vos voix contre une administration qui souille tout ce qui l'approche, corrompt tout ce qu'elle touche, et empoisonne jusqu'aux sources de tous les biens, la religion et la royauté.

Si vous étiez sourds aux conjurations de la

,patrie ; si elle n'obtenait de vous ni justice ni soulagement ni efforts , il faut se résigner au plus sinistre avenir. Mais au moment où , en proie au malheur , la France implorant des secours, lèvera immédiatement ses regards vers le ciel sans les arrêter un instant sur vous , redoutez des catastrophes : c'est qu'elle sera prête à adopter cette devise d'un roi : *Dieu et mon droit !* de cette devise un peuple passe bien vite à cette autre : *Dieu et mon épée.*

FIN.

IMPRIMERIE DE COSSON, RUE SAINT-GERMAIN DES PRÉS, N° 9.

[illegible]

19

www.ingramcontent.com/pod-product-compliance
Lightning Source LLC
Chambersburg PA
CBHW051327060726

47596CB00004B/1510